BEI GRIN MACHT SICH IHR WISSEN BEZAHLT

Linda Meier

Intermedialität – Wechselwirkungen zwischen Literatur und Film

GRIN Verlag

Bibliografische Information der Deutschen Nationalbibliothek:

Die Deutsche Bibliothek verzeichnet diese Publikation in der Deutschen National-
bibliografie; detaillierte bibliografische Daten sind im Internet über http://dnb.d-
nb.de/ abrufbar.

Impressum:

Copyright © 2011 GRIN Verlag GmbH
Druck und Bindung: Books on Demand GmbH, Norderstedt Germany
ISBN: 978-3-656-37908-9

Dieses Buch bei GRIN:

http://www.grin.com/de/e-book/209874/intermedialitaet-wechselwirkungen-zwi-
schen-literatur-und-film

GRIN - Your knowledge has value

Der GRIN Verlag publiziert seit 1998 wissenschaftliche Arbeiten von Studenten, Hochschullehrern und anderen Akademikern als eBook und gedrucktes Buch. Die Verlagswebsite www.grin.com ist die ideale Plattform zur Veröffentlichung von Hausarbeiten, Abschlussarbeiten, wissenschaftlichen Aufsätzen, Dissertationen und Fachbüchern.

Besuchen Sie uns im Internet:

http://www.grin.com/

http://www.facebook.com/grincom

http://www.twitter.com/grin_com

Literaturvermittlung zwischen

den Medien – Literatur und Film

Johannes Gutenberg-Universität Mainz

Seminar: Institutionen der Buchvermittlung

Wintersemester 2010/2011

Eine Hausarbeit von

Linda Meier

Inhaltsverzeichnis

1   Forschungsbericht

Seit Urzeiten ist das Geschichten erzählen und Geschichten hören ein Bedürfnis der Menschheit. Das Buch war lange Zeit das übertragende Medium für Erzählungen. Die Erfindung des Buchdrucks bot die Möglichkeit, Bücher in Massen herzustellen. Im Laufe der Jahrhunderte entwickelte sich das Buch immer mehr zu einem öffentlichen Medium, verbreitete neue Ideen und bot Wissen sowie Unterhaltung. Im 20. Jahrhundert beginnt eine langsame Veränderung: Der Film und das Kino beginnen das Buch als Leitmedium abzulösen.[1] Weder Literatur noch Film lassen sich als Medium einzeln betrachten: seit jeher besteht eine Beziehung zwischen diesen Medien, sie beeinflussen sich gegenseitig.[2] Dabei greift das neue Medium schon zu Beginn seiner Entstehung auf Altbewährtes zurück: Der Adaption von Literatur.[3] Das Zurückgreifen auf literarische Vorlagen ist bereits in der Frühzeit des Kinos zu sehen. *Dass* Literatur und Film sich gegenseitig beeinflussten, steht also außer Frage.[4] Dieses Zusammenspiel der verschiedenen Medien hat in den letzten Jahren zu unterschiedlichen Untersuchungen unter dem Schlagwort *Intermedialität* geführt. Die Wechselwirkungen von Literatur und Film sind Teil eines Diskurses, der bis heute anhält.

Eine bislang eher weniger stark diskutierte Frage ist, inwiefern das Medium Film auch Literatur vermitteln kann. Können Literaturverfilmungen einen Beitrag dazu leisten? Oder sind sie nur eine Form der intermedialen Weiterverarbeitung?

Zur Intermedialität sind gerade in den 1990er Jahren viele Analysen und Bände erschienen. Als hilfreich für diese Arbeit erwies sich vor allem Irina O. Rajewskys Darstellung *Intermedialität*[5]. In Jörg Helbigs Sammelband *Intermedialität – Theorie und Praxis eines interdisziplinären Forschungsgebiets*[6] finden sich verschiedene nützliche Aufsätze. Besonders verdienstvoll hat sich Franz-Josef Albersmeier mit den Wechselwirkungen von Literatur

---

1   Vgl. Neuhaus, Stefan: Literatur im Film. Eine Einführung am Beispiel Gripsholm (2000). In: Literatur im Film. Beispiel einer Medienbeziehung. Herausgegeben von Stefan Neuhaus. Würzburg: Königshausen & Neumann 2008. S. 8.
2   Vgl. Albersmeier, Franz-Josef: Bild und Text. Beiträge zu Film und Literatur (1976-1982). Frankfurt/Bern: Peter Lang 1983. S. 66.
3   Vgl. Schaudig, Michael: Literatur im Medienwechsel. Gerhart Hauptmanns Tragikömödie *Die Ratten* und ihre Adaptionen für Kino, Hörfunk, Fernsehen. München: Diskurs Film 1992. S. 13.
4   Vgl. Monaco, James: Film Verstehen. Reinbeck: Rowohlt 2000. S. 45.
     Vgl. Paech, Joachim: Literatur und Film. Stuttgart: Metzler ²1998. S. IX.
5   Rajewsky, Irina O.: Intermedialität. Tübingen: Francke 2002.
6   Intermedialität. Theorie und Praxis eines interdisziplinären Forschungsgebiets. Herausgegeben von Jörg Helbig. Berlin: Erich Schmidt 1998.

und Film beschäftigt,[7] ebenso Joachim Paech.[8] Mit Kinder- und Jugendliteratur in anderen Medien und der didaktischen Vermittlungsmöglichkeit setzten sich der von Franz-Josef Payrhuber und Gudrun Schulz herausgegebene Band *Lesen – Hören – Sehen*[9] ausführlich auseinander.

Bevor die Frage zur Literaturvermittlung durch Filme näher untersucht werden kann, erscheint es sinnvoll, einen kurzen Überblick über Intermedialität zu geben sowie den Begriff Literaturverfilmung eingehender zu betrachten. Um die unterschiedlichen Ausdrucksformen der beiden Medien zu illustrieren, werden im Weiteren die Sprache und die Erzählstrategien untersucht. Abschließend soll die Möglichkeit, den Film als literaturvermittelnde Instanz zu bewerten, diskutiert werden. Hier soll besonders auf die Vermittlungsmöglichkeiten in Bildungsinstitutionen eingegangen werden.

2   Theoretische Aspekte

Um der Frage nach Literaturvermittlung durch das Medium Film nachzugehen, ist es nötig, Film und Literatur in einem theoretischen Kontext zu platzieren. Die Intermedialität der beiden Medien bildet hierbei den zentralen Kontext. Darum wird im Folgenden zunächst ein Überblick über den Begriff und seine Bedeutung gegeben. Es macht im Weiteren Sinn, sich den Begriff Literaturverfilmung genauer anzusehen, denn auch hier gibt es einige definitorische Schwierigkeiten.

---

7 Albersmeier, Franz Josef: Theater, Film, Literatur in Frankreich. Medienwechsel und Intermedialität. Darmstadt: Wissenschaftliche Buchgesellschaft 1992.

8 Paech, Joachim: Intermedialität. Mediales Differenzial und transformative Figurationen. In: Intermedialität. Theorie und Praxis eines interdisziplinären Forschungsgebiets. Herausgegeben von Jörg Helbig. Berlin: Erich Schmidt 1998.
Paech, Joachim: Literatur und Film. Stuttgart: Metzler ²1998.

9 Payrhuber, Franz-Josef/Schulz, Gudrun: Lesen – Hören – Sehen. Kinder- und Jugendbücher in anderen Medien und Vorschläge zur Unterrichtsgestaltung. Hohengehren: Schneider 2007.

2.1 Intermedialität

„Intermedialität ist 'in'"[10] - so schreibt Joachim Paech. Doch was genau versteht man unter diesem Begriff? Seit den 1990er Jahren wurden verschiedenste Publikationen veröffentlicht, doch bislang hat man sich auf keine allgemeine Definition einigen können:

> „Intermedialität wird so zu einem modischen Terminus, der zwar in aller Munde, kaum aber klar definiert ist und - im Gegensatz etwa zum Konzept der Intertextualität - noch keiner eigenständigen Theoriebildung zugeführt wurde."[11]

Das Ergebnis sei eine „Vielzahl heterogener Phänomene unter dem Oberbegriff 'Intermedialität'"[12]. Peter Wagner bezeichnet Intermedialität als „a sadly neglected but vastly important subdivision of intertextuality"[13] und betont hiermit, dass es an umfangreichen Studien zum Thema Intermedialität fehle. Laut Irina O. Rajewsky kann man hauptsächlich zwei verschiedene Forschungsstränge in der Intermedialitätsforschung differenzieren. Im Rahmen der Komparatistik beschäftigen sich Literaturwissenschaftler mit den Wechselwirkungen von Literatur, bildender Kunst und Musik,[14] deren Ursprünge bis in die Antike zurückreichen.[15] Der zweite Forschungsstrang beschäftigt sich mit der gegenseitigen Beeinflussung von Literatur und audiovisuellen Medien, ausgelöst durch Auseinandersetzungen von Autoren und Theoretikern mit dem im 20. Jahrhundert aufkommenden neuem Medium Film.[16] Allerdings ist es fraglich, ob diese Trennung in einer Zeit, in der auch der Film und andere audiovisuelle Medien immer mehr auch als Kunst verstanden werden, nötig bzw. überhaupt noch möglich ist.

Peter Drexler unterscheidet drei verschiedene Tendenzen, die sich entwickelten: Er spricht von Intermedialität zunächst als ein „Vermarktungsphänomen"[17]. Dies bezieht sich auf das frühe 20. Jahrhundert: Autoren sahen sich hier gezwungen, ihre Werke in verschiedenen

---

10 Paech: Intermedialität. S. 14. Hervorhebung durch Paech.
11 Rajewsky, Irina O.: Intermedialität. S. 3.
12 Rajewsky, Irina O.: Intermediales Erzählen in der italienischen Literatur der Postmoderne. Tübingen: Narr 2003. S. 12.
13 Wagner, Peter: Introduction: Ekphrasis, Iconotexts, and Intermediality – the State(s) of the Art(s). In: Icons – Texts – Iconotexts. Essays on Ekphrasis and Intermediality. Herausgegeben von Peter Wagner. Berlin: de Gruyter 1996. S. 17.
14 Vgl. Rajewsky: Intermediales Erzählen. S. 13f.
15 Rajewsky verweist hier auf Oskar Walzels Studie: Wechselseitige Erhellung der Künste: Ein Beitrag zur Deutung kunstgeschichtlicher Begriffe (1917). S. 13.
16 Vor allem Autoren wie Alfred Döblin und Berthold Brecht, Filmtheoretiker Bela Balázs und André Bazin sowie Kulturtheoretiker Walter Benjamin setzen sich damit auseinander. Vgl. Rajewsky: Intermediales Erzählen. S. 13f.
17 Drexler, Peter: Literatur im Schatten des Films? Zu einigen Aspekten von Intermedialität im angloamerikanischen Gegenwartsroman. In: Unterhaltung. Sozial- und literaturwissenschaftliche Beiträge zu ihren Formen und Funktionen. Herausgegeben von Dieter Petzold und Eberhard Späth. Erlangen: Univ.-Bibliothek 1994. S. 200.

Medien einzusetzen.[18] Die zweite Stufe bezeichnet Drexler als ein „exploratives ästheti-
sches Prinzip"[19], welche in der „wahrnehmungsprägende[n] Wirkung"[20] des Films liegt. Die
dritte Stufe bezeichnet er als eine

> „Bedeutungsvariante [...], die sich vor allem der Beschleunigung der technologischen Entwick-
> lung (Multimedia, interaktive Medien u.a.) und den dadurch erschlossenen Möglichkeiten des
> Transfers und der Kombination heterogener Medien- und Zeichensysteme verdankt."[21]

Er sieht in dieser Tendenz somit die technische Entwicklung, in der sich hauptsächlich auf
unterschiedliche Möglichkeiten der Übertragung oder Kombination von Medien konzen-
triert werde und in erster Linie ein „rein materielles Verwertungsinteresse"[22] bestände.

Als „mediale Brückenschläge, das Zusammenspiel verschiedener Medien"[23] und als „kul-
turell kodierte[s] Kommunikationssysteme[n] [...], die sich beeinflussten, nachahmen, berühren oder gar zu einer Einheit verbinden können"[24] versteht Thomas Eicher den Begriff
Intermedialität.

Joachim Paech beschreibt Intermedialität als Transformationsprozess, der zwischen unterschiedlichen Medien statt findet.[25] Damit sei allerdings nicht nur der Wechsel des Mediums an sich gemeint, sondern der Prozess „Dazwischen"[26]. Laut Paech handelt es sich deshalb bei Analysen zur Intermedialität um „Kulturanalysen der Wechselbeziehungen zwischen Literatur, Theater, Fotografie und Film".[27]

Für diese Arbeit relevant erscheint ebenso Franz Josef Albersmeiers Studie über die
Wechselwirkung von Film und Literatur:[28] Am Beispiel Frankreich illustriert er, dass die
kulturellen Phänomene des 20. Jahrhunderts nicht mehr über das traditionelle Literatur-
verständnis erklärt werden können, das sich auf das Printmedium Buch beschränkt, sondern dass die Literatur auch in anderen Erscheinungsformen wahrzunehmen sind. So will
Albersmeier „transmediale[r] Überschreitungstendenzen"[29] aufdecken und beschreibt die
„wechselseitige Vernetzung"[30] von Theater, Film und Literatur.

---

18 Vgl. Drexler, Peter: Literatur im Schatten des Films. S. 197.
19 Drexler, Peter: Literatur im Schatten des Films. S. 200.
20 Vgl. Drexler, Peter: Literatur im Schatten des Films. S. 198.
21 Drexler, Peter: Literatur im Schatten des Films. S. 205f.
22 Vgl. Drexler, Peter: Literatur im Schatten des Films. S. 205.
23 Eicher, Thomas: Was heißt (hier) Intermdialität? In: Intermedialität. Vom Bild zum Text.
    Herausgegeben von Thomas Eicher und Ulf Bleckmann. Bielefeld: Aisthesis 1994. S. 11.
24 Eicher: Was heißt Intermedialität. S. 11.
25 Vgl. Paech: Intermedialität. S. 15.
26 Paech: Intermedialität. S. 16.
27 Paech: Intermedialität. S. 16.
28 Albersmeier: Theater, Film, Literatur.
29 Albersmeier: Theater, Film, Literatur. S. XIV.
30 Albersmeier: Theater, Film, Literatur. S. 1.

Dieser kurze Überblick illustriert bereits die von Rajewsky beschriebene Heterogenität[31] des Begriffs Intermedialität. Diese Vieldeutigkeit des Begriffs hat den Vorteil, dass viele mediale Erscheinungsformen abgedeckt werden. Allerdings verliert der Begriff Intermedialität dadurch an Fassbarkeit.[32] Diese Unschärfe konnte bis heute nicht behoben werden.[33]

Es gibt unterschiedliche Möglichkeiten, wie Literatur im Film auftreten kann. Über das klassische und weite Feld der Literaturverfilmung wird folgend näher eingegangen. Doch es gibt auch weitere denkbare Arten, Literatur und Film zu verbinden: Dazu gehören literaturkritische Sendungen im Fernsehen, dokumentarische Filme über Schriftstelle wie zum Beispiel Interviews oder Berichten von Buchmessen oder fiktionale (also biographische) Filme über Schriftsteller. Auch wenn Autoren zum Beispiel am Drehbuch mitwirken berühren sich Literatur und Film.[34] Hier soll es aber hauptsächlich um die Verwendung von Romanen als Grundlage für Spielfilme und die Möglichkeit der Literaturvermittlung gehen. Die Frage, in wie weit der Film Einfluss auf die Literatur nimmt, kann an dieser Stelle nicht berücksichtigt werden.

Folgend ist der Begriff Literaturverfilmung näher zu klären, da es sich keineswegs um einen klaren Begriff handelt.

2.2 Literaturverfilmung – Ein problematischer Begriff

Was versteht man nun genau unter Literaturverfilmungen? Schon das Wort an sich zeigt, dass hier zwei wesentliche Forschungsfelder aufeinandertreffen: Auf der einen Seite die Literaturwissenschaft, auf der anderen Seite die Filmwissenschaft. Interessant ist deshalb, wie der Begriff Literaturverfilmung in unterschiedlichen Disziplinen definiert wird.

Schlägt man in Gero von Wilperts *Sachwörterbuch der Literatur*[35] nach, so findet sich hier ein kleiner Absatz über Verfilmungen als die „Bearbeitung (→Adaption) e[ines] lit[erarischen] Werks [...] und dessen Inszenierung für den →Film und das Fernsehen."[36]

---

31 Vgl. Rajewsky: Intermediales Erzählen. S. 12.
32 Vgl. Poppe, Sandra: Visualität in Literatur und Film. Eine medienkomparatistische Untersuchung moderner Erzähltexte und ihrer Verfilmungen. Göttingen: Vandenhoeck & Ruprecht 2007. S. 21.
33 Vgl. Poppe: Visualität. S. 19.
34 Vgl. Neuhaus: Einführung. S. 15f.
35 Wilpert, Gero von: Sachwörterbuch der Literatur. Stuttgart: Kröner 82001.
36 Wilpert: Sachwörterbuch. S. 872.

Darauf folgt im wesentlichen eine negativ konnotierte Ausformulierung bezüglich der Umformung, Verzerrung und Zerstörung der literarischen Vorlage.[37] Dieser Bewertung entgegen findet man im *Wörterbuch des Buches*: „Verfilmung [...]. Die Bearbeitung von Büchern für Filme hat das Filmschaffen z.T. künstlerisch befruchtet, andererseits auch viel einfache Unterhaltung hervorgebracht."[38] Hier wird auf eine genauere Definition verzichtet. Im *Reallexikon der deutschen Literaturwissenschaft* wird die Literaturverfilmung ausführlich als „Prozess und Produkt der Umsetzung eines schriftsprachlich fixierten Textes in das audiovisuelle Mediums des Films"[39] dar gelegt.[40] In Reclams Sachlexikon des Films findet man folgende Definition von Peter Ruckriegl und Thomas Koebner:

> „Literaturverfilmung. Die filmische Version einer literarischen Vorlage. [...] Die Transformation eines literarischen Textes in das visuelle Medium des Films hat oft weitreichende Änderungen inhaltlicher Art zur Folge [...]."[41]

Schon an diesen Beispielen wird deutlich, wie unterschiedlich der Begriff verstanden, bewertet und angewendet wird. Ruckriegl und Koebner gehen im Weiteren auch auf die Problematik des Begriffs ein: Auch wenn der Anteil an Literaturverfilmungen ca. 50% aller Produktionen betrage, war

> „die Verfilmung von Literatur von Anfang an umstritten, und auch der Begriff «Literaturverfilmung» wird heute kontrovers beurteilt, da er besonders in der älteren Forschungsliteratur mit der Forderung nach möglichst werkgetreuer «Verfilmung» geknüpft war und damit eine Abwertung des Films gegenüber der Literatur implizierte."[42]

Hier wird ein ein wichtiger Punkt angesprochen: Inwiefern dürfen Verfilmungen abweichen? Wie viel darf man kürzen, ohne die wesentliche Aussage zu verändern? Werktreue ist ein Schlagwort, die nahezu alle Diskussionen zum Thema Literaturverfilmung beschäftigt. Dieser Aspekt kann in diesem Rahmen allerdings nicht ausführlich behandelt werden, aber wird im Folgenden immer wieder auftauchen.

---

37 Wilpert: Sachwörterbuch. S. 872.
38 Hiller, Helmut/Füssel, Stephan: Wörterbuch des Buches. Frankfurt: Klostermann [7]2006. S. 340f.
39 Jahraus, Oliver: Verfilmung. In: Reallexikon der deutschen Literaturwissenschaft. Herausgegeben von Klaus Weimar, Harald Fricke, Klaus Grubmüller und Jan-Dirk Müller. 3 Bde. Berlin/New York: De Gruyter 1997-2003. S. 751-753.
40 Hier wäre zu überlegen, was genau mit einem „schriftsprachlich fixierten Text" gemeint ist. Drehbücher von Filmen fallen in dieser sehr weit gefassten Definition auch darunter.
41 Ruckriegl, Peter/Koebner, Thomas: Literaturverfilmung. In: Reclams Sachlexikon des Films. Herausgegeben von Thomas Koebner. Stuttgart: Reclam 2007. S. 404.
42 Ruckriegl/Koebner: Literaturverfilmung. S. 407. Hervorhebungen durch die Autoren.

3 Literatur und Film

Um die Beziehung zwischen Literatur und Film zu verstehen, ist es wichtig sich mit dem Entstehungskontext des jungen Mediums Film auseinanderzusetzen. Paech beschreibt eingehend, wie Umstände und die schnelle Verbreitung von Filmen zur Literarisierung und Fiktionalisierung führten.[43] Des Weiteren gibt es verschiedene Adaptionsformen, die eingehender zu klären sind. Ferner gilt es, die spezifische Sprache von Roman und Film sowie die unterschiedlichen Möglichkeiten der Narration näher zu betrachten, um danach auf die Vermittlungsmöglichkeiten zu kommen.

3.1 Formen der Adaption

Vergleicht man die in Kapitel 2.2 bereits erläuterten Definitionen zum Begriff der Literaturverfilmung, stößt man unweigerlich auf die Termini *Veränderung* und *Bearbeitung*. Diese Veränderungen resultieren aus der Unterschiedlichkeit der beiden Medien: auf der einen Seite ein sprachlich fixierter poetischer oder prosaischer Text, auf der anderen Seite das visuelle bewegte Bild. In Angela Mieths Aufsatz *Eine Betrachtung*[44] findet sich folgende zentrale Feststellung:

> „Es gibt sie nicht, DIE LITERARISCHE ADAPTION. Es gibt keinen gültigen Film zu einem Roman oder einer Erzählung, Es gibt Romane, die mehrmals verfilmt wurden. Eine weitere Version ist niemals auszuschließen. Es gibt Möglichkeiten, Annäherungen, Auseinandersetzungen mit einem Stoff, immer aber ist es die Erschaffung einer neuen Wirklichkeit in einem anderen Medium."[45]

Dennoch lässt sich feststellen, dass der Film verschiedene Möglichkeiten bietet, Prosawerke zu adaptieren. Zunächst ist hier das „reine Dokumentationswerk"[46] zu nennen, ein Beispiel wäre das Filmen einer Theateraufführung.[47] Des Weiteren ist hier der auf „literarischen Impulsen basierend[e]"[48] Kunstfilm zu nennen. Hier bedient sich ein Filmschaffen-

---

43 Nachzulesen bei Paech: Literatur und Film.
   Der gesamte Band beschäftigt sich mit der historisch-systematischen Beziehung von Literatur und Film, deshalb ist eine eingehende Beschreibung hier überflüssig.
44 Mieth, Angela: Eine Betrachtung. In: Inspiriert von... Literaturadaptionen im praktischen Vergleich. Annäherungen und Möglichkeiten. Herausgegeben von Angela Mieth. Berlin: Vistas 2002. S. 11-58.
45 Mieth: Betrachtung. S. 11.
46 Estermann, Alfred: Die Verfilmung literarischer Werke. Bonn: Bouvier 1965. S. 3.
47 Estermann: Verfilmung. S. 3.
   Dennoch ist hier anzumerken, dass auch dabei eine Veränderung stattfindet: Jeder Schnitt, jeder andere Blickwinkel verändert den Fokus und stellt somit eine Bearbeitung dar. Im Fokus darf also nicht das „Filmische stehen". Vgl. Estermann: Verfilmung. S. 204.
48 Estermann: Verfilmung. S. 3.

der an literarischen Vorlagen, schafft im Grunde aber durch die Bedienung an der Film-sprache[49] ein völliges neues Werk, in dem oftmals keine Vorlage zu erkennen ist. Oft wird sich dabei an epischen Stoffen orientiert.[50] Die wohl am häufigsten anzutreffende Art ist die „Transposition auf die Leinwand"[51], also das Bestreben, einen narrativen Text in Film-sprache umzuwandeln und dabei die Aussage des Originaltextes zu transportieren.[52] Irme-la Schneider führte hierfür den Begriff der Transformation ein.

> „Transformation soll heißen, daß [!] nicht nur die Inhaltsebene ins Bild übertragen wird, daß [!] vielmehr die Form-Inhalts-Beziehung der Vorlage, ihr Zeichen- und Textsystem, ihr Sinn und ihre spezifische Wirkungsweise erfaßt [!] werden und daß [!] im anderen Medium [...] aus einem anderen Zeichenmaterial ein neues, aber möglichst analoges Werk entsteht. Diese Ana-logie erfordert nicht, daß [!] der Dialog wörtlich genommen wird, im Gegenteil: Sie kann erfor-dern, daß [!] er geändert wird, um gerade dadurch im Kontext des Films eine analoge Funktion auszuüben."[53]

Bereits hier wird deutlich, dass das Medium Film anders funktioniert als die Literatur. Nach der Feststellung, dass Literaturverfilmungen immer eine Bearbeitung des Erzähltexts sind und anders erzählt wird als im schriftlichen Text, wird im Folgenden die Filmsprache und die damit verbundenen Mittel der Narration untersucht.

3.2   Filmsprache

Jeder Kommunikationsprozess ist laut der Semiotik[54] eine Sprache[55]. So wie der Roman ist auch der Film ein narrativer Text, allerdings kein schriftlich fixierter. Filme erzählen durch ihre Bilder, die als Zeichenverknüpfungen zu verstehen sind und somit als Texte aufgefasst werden können.[56] Ebenso muss man die verwendete Sprache lernen, um den Filmtext *le-sen* zu können.

---

49 Auf Filmsprache wird im folgenden Kapitel näher eingegangen.
50 Vgl. Estermann: Verfilmung. S. 205f.
51 Estermann: Verfilmung. S. 3.
52 Vgl. Estermann: Verfilmung. S. 205.
53 Kreuzer, Helmut: Aufklärung über Literatur. Epochen. Probleme. Tendenzen. Ausgewählte Aufsätze. Herausgegeben von Peter Seibert u. a. Heidelberg: Winter 1992 (Reihe Siegen 114). S. 264.
54 Semiotik bezeichnet die Lehre von Zeichensystemen.
   Vgl. Monaco, James: Film Verstehen. Reinbeck: Rowohlt 2000. S. 158.
55 Vgl. Monaco: Film. S. 158.
56 Vgl. Bienk, Alice: Filmsprache. Einführung in die interaktive Filmanalyse. Marburg: Schüren 2008. S. 13.
   Vgl. Hickethier, Knut: Film- und Fernsehanalyse. Stuttgart: Metzler ⁴2007. S. 22-25.

Bei der Filmsprache handelt es sich nicht um eine Sprache im klassischen Sinne, weder Vokabeln noch Grammatik müssen erlernt werden.[57] Da durch Zeichen und Codes erzählt wird, kann man zwar von einer Sprache, aber nicht von einem Sprachsystem sprechen.[58] Um dies zu verdeutlichen: eine Sprache wie Deutsch, Englisch oder Spanisch haben eine festgelegte Grammatik. Der Film hat jedoch keine Grammatik und kein Vokabular auf das er zurückgreifen kann.[59] Dennoch gibt es einige unpräzise Regeln in der Filmsprache, wie zum Beispiel bei der Montage von Filmsequenzen oder der Anordnung von Gegenständen im filmischen Raum.[60]

Wie auch einen literarischen Text kann man den Film mikro- oder makroanalytisch untersuchen: Unter die Mikroanalyse fallen beim Film zum Beispiel das Mise-en-Scène[61], und der Schnitt,[62] bei literarischen Texten das Wort oder der Satz. Die Makroanalyse beschäftigt sich mit der Struktur, der Zeitgestaltung und dem Erzähler, sowohl im Film wie auch in der Literatur.[63] Ebenso spielt die Syntax eine große Rolle. In der geschriebenen Sprache ist Syntax die Art, „in der Worte in einer Kette aneinandergesetzt [!] werden, um Wendungen und Sätze zu bilden"[64]. Hier wird der Unterschied zum Film deutlich: dieser schließt nämlich die räumliche Komponente mit ein. Ein Filmbild kann also mehrere Dinge gleichzeitig zeigen, während das in einem literarischen Text nicht möglich ist.[65]

3.3 Narration in Roman und Film

Berücksichtigt man die Aspekte der Filmsprache, wird klar, dass im Film ganz andere Möglichkeiten des Erzählens gegeben sind. Hier wird ein Weiteres mal deutlich, warum Roman und Film sich so nahe sind: das „narrative Potential des Films"[66] ermöglicht es, fast jede Geschichte zu verbildlichen, die aufgeschrieben wurde.[67] Dennoch lassen sich einige au-

---

57 Vgl. Monaco: Film. S. 152.
58 Vgl. Metz, Christian: Semiologie des Films. München: Fink 1972. S. 73.
59 Vgl. Bienk: Filmsprache. S. 13.
60 Vgl. Monaco: Film. S. 176.
61 Mise-en-Scène bedeutet wörtlich übersetzt „In-Szene-Setzen". Damit ist die Veränderung des formbaren, filmischen Raums gemeint.
   Vgl. Monoaco: Film. S. 176.
62 Vgl. Bienk: Filmsprache. S. 28f.
63 Vgl. Bienk: Filmsprache. S. 29.
64 Vgl. Monaco: Film. S. 176.
65 Vgl. Monaco: Film. S. 176.
66 Monaco: Film. S. 45.
67 Vgl. Monaco. Film S. 45.

genfällige Unterschiede festhalten.

Zunächst ist anzumerken, dass ein Film bezüglich der Dauer, wesentlich begrenzter ist. Bei einem Roman kann man sich soviel Zeit nehmen, wie man möchte; man kann lesen, wo man möchte; man kann den Lesefluss stets unterbrechen. Doch ein Film kann nicht unterbrochen werden[68] und läuft in Echtzeit ab;[69] die normale Dauer beträgt durchschnittlich etwa zwei Stunden. Diese Differenz hat weitreichende Folgen für die Adaption von Romanen und stellt Filmemacher oft vor ein Problem: Wie kann man zum Beispiel ein 400-Seiten starkes Buch in einen zweistündigen Film packen? Hier kommen wir wieder auf den Aspekt der Bearbeitung zurück.[70] Dabei ist zu beachten, dass die

> „Veränderung der Geschichte beim Transformationsprozess eines wortsprachlich-erzählenden in einen filmisch-erzählenden Text [...] kein Problem der semiotischen Unterschiede von Film und Literatur [ist], sondern eine, von den semiotischen Gegebenheiten her, fakultative Veränderung, die ihre Gründe im medialen Umfeld, in der Absicht des Autor. o. ä. haben mag."[71]

Soll der Film die Aussage des Buches transportieren, muss das vorliegende Manuskript behutsam auf die wesentlichen Ereignisse der Erzählung reduziert werden.[72] Negativ ausgedrückt bedeutet dies, dass einige Handlungsdetails verloren gehen.[73] Deshalb fällt es bei einem Film oft leichter der zentralen Story zu folgen, da sie sich auf den zentralen Konflikt bzw. das zentrale Ereignis beschränkt.[74]

Ist der Film hinsichtlich der Erzählzeit beschränkt, so kann er jedoch durch seine Visualität einiges ausgleichen[75] und schafft eine zusätzliche Erzählebene.[76] Eine Romanhandlung wird durch den Autoren erzählt, während beim Film es streng genommen keinen Autoren gibt, da es sich um eine Gemeinschaftsproduktion von vielen Mitarbeitern handelt.[77] So wird beim literarischen Text alles durch den Autor gefiltert: „seine Sprache, seine Vorurtei-

---

68 Hier werden die heutigen Möglichkeiten von VHS, DVD oder anderen digitalen Möglichkeiten vernachlässigt, sondern sich auf den Ursprung des Films im Kino bezogen. Dort gab bzw. gibt es keine Möglichkeit, den Film anzuhalten und zu einem späteren Zeitpunkt weiter zu schauen.
69 Vgl. Abbott, H. Porter: The Cambridge Introduction to Narrative. Cambridge u.a.: Cambridge Univ. Press ²2011. S. 114.
70 Vgl. Kapitel 3.1 dieser Arbeit.
71 Schneider, Irmela: Der verwandelte Text. Wege zu einer Theorie der Literaturverfilmung. Tübingen: Niemeyer 1981. S. 145.
72 Vgl. Abbott: Introduction to Narrative. S. 114-116.
73 Vgl. Monaco: S. 45.
74 Vgl. Abbott: Introduction to Narrative. S. 115f.
75 Vgl. Monaco: Film. S. 45.
76 Auch die gesprochene Sprache spielt in Filmen für Narration eine wesentliche Rolle, aber diese ist auf diese Analyse bezogen zu vernachlässigen. Weiterführende Literatur :
Kuchenbuch, Thomas: Filmanalyse. Theorien. Methoden. Kritik. Wien/Köln/Weimar: Böhlau 2005.
77 In der Autorenfilmtheorie wird unter dem Autoren der Regisseure/Filmemacher verstanden, der seinen Filmen einen persönlichen Stil gibt.
Vgl. Grob, Norbert: Autorenfilm. In: Reclams Sachlexikon des Films. Herausgegeben von Thomas Koebner. Stuttgart: Reclam 2007. S. 49-53.

le und seine Blickwinkel".[78] Der Film hingegen lässt dem Rezipienten wesentlich mehr Freiheit, da auf unterschiedlichen Ebenen erzählt[79] wird und man sich auf verschiedene Details konzentrieren kann.[80]

Des Weiteren spielt die Funktion des Erzählers eine grundlegende Rolle. Oftmals wird in Filmen eine Vermischung verschiedener Erzähler vorgenommen, was die erzählerischen Möglichkeiten dieses Mediums potentiell steigen lässt.[81] Neben dem auktorialen Erzähler[82] ist eine in der Literatur häufig anzutreffende Ich-Erzählung. Dieses stellt jedoch jeden Regisseur vor eine große Herausforderung. Oft wird dabei mit einer Off-Stimme gearbeitet, um das Innerste der Figur wiederzugeben.[83]

Die bisher dargestellten Gemeinsamkeiten, Unterschiede und Möglichkeiten vom Medium Film lassen nun einige Überlegungen zur vermittelnden Funktion des Films zu.

4   Vermittelnde Funktionen

Eines sei gleich vorweg genommen: Noch immer fehlt es an ausreichenden Analysen zur Wirkung von Massenmedien, wie auch Irmela Schneider bereits in den 1980er Jahren feststellte:

> „Eine Soziologie der Kultur, qualitative empirische Forschungen zur Wirkung massenmedialer Produkte [...] müssen mit einer noch kaum entwickelten Poetik massenmedialer Erzählformen vermittelt werden. In diesen Zusammenhang gehörten dann auch Forschungen, die den empirisch feststellbaren, bislang aber kaum erforschten Frage nachgehen, in welcher Weise Literaturverfilmungen die literarische Kommunikation beeinflussen."[84]

Um sich dieser Frage zu nähern, wird zunächst die messbare Beeinflussung anhand von Verkaufszahlen untersucht. Als Beispiel für Literaturvermittlung durch Film werden im folgenden Möglichkeiten in Bildungsinstitutionen fokussiert.

---

78 Monaco: Film. S. 46.
79 Vgl. Schneider: Verwandelte Text. S. 186-196.
80 Dennoch wird der Blick durch die unterschiedlichen Kamerabewegungen und Einstellungen geführt: „Der Regisseur führt dein Auge."
Balász, Béla: Der sichtbare Mensch. Frankfurt: Suhrkamp 2001. S. 50.
81 Vgl. Hickethier: Film- und Fernsehanalyse. S. 128.
82 In der Literatur wird dieser auch als allwissender Erzähler verstanden: Er kennt sowohl die Außenperspektive (z.B. Auswahl des Gezeigten) wie auch die Innenperspektive (der Figuren, z.B. Emotionen, Motive, Absichten). Dennoch muss zwischen Erzähler und Kameraperspektive unterschieden werden.
Vgl. Hickethier: Film- und Fernsehanalyse. S. 126f.
83 Vgl. Hickethier: Film- und Fernsehanalyse. S. 127f.
84 Schneider: Verwandelte Text. S. 293.

4.1 Messbare Kommunikation: Verkaufszahlen

Wie bereits festgestellt, existieren weder vollständige Untersuchungen zur Wirkung von Massenmedien noch lassen sie sich an irgendetwas messen. Einziger Anhaltspunkt kann hier eine Betrachtung der Verkaufszahlen sein. Doch auch in dem Bereich stößt man kaum auf konkrete Zahlen.

Ein prägnantes Beispiel liefert der Droemer Knaur Verlag: 1991 brachte dieser das Buch *Dino Park*[85] von Michael Crichton auf den Markt. In den ersten zwei Jahren verkaufte der Verlag 100.000 Exemplare. 1993 kam die Verfilmung unter dem Titel *Jurassic Park* vom Regisseur Steven Spielberg in die Kinos. Innerhalb kürzester Zeit erhöhte sich die Anzahl der verkauften Exemplare auf 1,7 Millionen Exemplare.[86] Spielberg verfilmte auch *Schindlers Liste*[87] von Thomas Keneally. Vor dem Film wurden nur knapp 6000 Bücher verkauft, nach dem Film betrug die Gesamtauflage 1,5 Millionen.[88]

Ganz anders hingegen beim weltweiten Medienereignis *Harry Potter*[89]: Nach dem ersten Film wurden mehr Bücher abgesetzt als vorher, danach spürte man nichts mehr von dem Marketingeffekt durch die Verfilmungen.[90] Auch in dieser Hinsicht scheint die Reihe um den Zauberlehrling ein einzigartiges Phänomen zu sein. Denn normalerweise steigen die Absatzzahlen stark an, „wenn Hollywood einen Stoff in die Hand nimmt."[91] Hier zeigen sich noch einmal sehr deutlich, dass Literatur und Film eng verbunden sind, nicht nur auf kultureller Ebene, sondern auch die wirtschaftlichen Branchen beider Bereiche profitieren immer wieder voneinander.

---

85 Crichton, Michael: Dino Park. München: Droemer Knaur 1991.
86 Der Film als Bucherfolg. Literaturverfilmungen – Lottogewinne für Autoren, Verlage und den Buchhandel. In: Focus Online vom 07. August 1995 (www.focus.de). http://www.focus.de/auto/neuheiten/buchmarkt-der-film-als-bucherfolg_aid_156453.html [18.03.2011].
87 Keneally, Thomas: Schindlers Liste. München: Bertelsmann 1983.
88 Der Film als Bucherfolg. In: Focus Online. http://www.focus.de/auto/neuheiten/buchmarkt-der-film-als-bucherfolg_aid_156453.html [18.03.2011].
89 Garbe, Christine/Philipp, Maik: Erfolg eines Serientäters. Das Phänomen Harry Potter im Überblick. In: Harry Potter. Ein Literatur- und Medienereignis im Blickpunkt interdisziplinärer Forschung. Herausgegeben von Christine Garbe und Maik Philipp. Hamburg: Lit 2006
90 Turi, Peter: Warum Harry Potter Sterben muss. In: Spiegel Online vom 16. Juli 2005 (www.spiegel.de). http://www.spiegel.de/kultur/literatur/0,1518,365303,00.html [18.03.2011].
91 Turi: Harry Potter. In: Spiegel Online.

4.2 Literaturverfilmungen im Unterricht

Wie oft von Pädagogen beklagt wird, lesen Jugendliche oft Bücher, die völlig von der Vorstellung von Lehrern und Eltern abweichen.[92] Die in den Schulen durchgenommenen Pflichtlektüren haben nichts gemeinsam mit den Interessen der Heranwachsenden. So wird in den Mittelstufen „Hochliteratur" behandelt. Die Schüler lesen in der Freizeit lieber spannende Bücher zur Unterhaltung, hier müssen sie sich analytisch mit den Texten auseinander setzen.[93] Daraus wird das Grundproblem für den Literaturunterricht ersichtlich: Wie kann man literarische Texte zeitgemäß an Schüler vermitteln? Wichtig ist hier die Feststellung von Horst Heidtmann:

> Die Mediengesellschaft, in der Kinder heute [...] aufwachsen wird zunehmend von Bildmedien, von digitalen und interaktiven Medien geprägt. Lesekultur muß [!] heute als Teil der Medienkultur begriffen werden und läßt [!] sich nur noch sehr bedingt von den literarischen Idealen der bürgerlichen Literatur des 19. Jahrhunderts herleiten. Die hierzulande – vorrangig in Feuilleton, Kultusministerien und Schulbehörden gepflegte Definitionen von Lesekultur haben den Bezug zur gesellschaftliche[n] Realität verloren.[94]

Hier lässt sich nun die Brücke zum Beginn dieser Arbeit schlagen: das Buch ist nur noch ein Medium unter vielen und steht in Wechselbeziehungen zu anderen Medien.

Dass Kinder heutzutage mehr literarische Erfahrungen durch Film und Fernsehen machen,[95] muss auch Konsequenzen für den Literaturunterricht haben. Besonders der Film eignet sich deshalb auch als Vermittlungsmethode. Die Dauer eines Films ermöglicht eine gemeinsame Rezeption in einer Unterrichtseinheit[96] und bietet Kindern und Jugendlichen einen anderen Zugang zur Literatur.

---

92 Heidtmann, Horst: Die Schulmediothek als „Vergnügungszentrum". Neue Ansätze der Leseförderung. In: Beiträge Jugendliteratur und Medien, 14. Beiheft: Schulbibliotheken 2003. S. 2. http://www.hdm-stuttgart.de/ifak/publikationen/ifak/pdfs/lesefoerderung.pdf [18.03.2011].

93 Mahlig, Marina: Beeinflusst der Literaturunterricht das Lesen? - Leseverhalten und Lesemotivation von Jugendlichen der gymnasialen Oberstufe. In: Börsenblatt Online vom 15. April 2010 (www.boersenblatt.net). http://www.boersenblatt.net/379248/ [18.03.2011].

94 Heidtmann: Schulmediothek. S. 7.

95 Vgl. Payrhuber, Franz-Josef: Literatur zum Sehen. Einige Überlegungen zur Verfilmung von Kinder- und Jugendbüchern. In: Lesen – Hören – Sehen. Kinder- und Jugendbücher in anderen Medien und Vorschläge zur Unterrichtsgestaltung. Herausgegeben von Franz-Josef Payrhuber und Gudrun Schulz. Hohengehren: Schneider 2007. S. 62.

96 Vgl. Lange, Günter: Literaturverfilmung. In: Textarten – didaktisch. Eine Hilfe für den Literaturunterricht. Herausgegeben von Günter Lange, Doris Marquardt, Leander Petzoldt und Werner Ziesenis. Hohengehren: Schneider 1993. S. 99.

5 Das Buch im Medienverbund

Um Literatur zu verbreiten genügt es heute nicht mehr, das Buch zu drucken und auszuliefern. Bei der Flut an Neuerscheinungen jedes Jahr sind Verleger auf andere Medien angewiesen, um ihr Produkt erfolgreich am Markt zu platzieren. Letztendlich werden heutzutage Bücher fast schon unter der Prämisse veröffentlicht, wie verkäuflich die Rechte für andere Medien sind, insbesondere die Filmrechte.[97] Ein einzelner Mensch kann sich selbst nicht über alles Neue informieren, sondern greift eher zu einem Buch, von dem er schon etwas gehört oder gesehen hat. Multimediale Vermarktung und Crossmedia sind Schlagwörter, die aus der Medienbranche kaum noch wegzudenken sind. Ein Aspekt ist jedoch ganz entscheidend: Für den Erfolg ist immer noch der Inhalt am wichtigsten. Selbst das größte Literaturereignis der letzten Jahre – *Harry Potter* – war nicht nur durch ein aufwendiges Marketing erfolgreich: Erst durch die Mundpropaganda von begeisterten Lesern, die von der Geschichte fasziniert waren, konnte dieses Kulturphänomen stattfinden.[98]

Die Literaturwissenschaft kann sich dem nicht verschließen und muss sich mit den Berührungspunkten von Literatur und Film bzw. anderen Medien beschäftigen. Das Beispiel der Literaturverfilmung zeigt ganz besonders, dass sich keine klaren Grenzen zwischen den Disziplinen mehr ziehen lassen. Das Buch ist nur noch ein Medium unter vielen[99] und muss heute in einem Verbund von Medienprodukten gesehen werden.[100] Wenn man dies berücksichtigt, eröffnen sich neue Wege und Chancen zu einer intermedialen Literaturvermittlung.

---

97 Vgl. Der Film als Bucherfolg. In: Focus Online.
98 Turi: Harry Potter. In: Spiegel Online.
99 Vgl. Heidtmann: Schulmediothek. S. 7.
100 Vgl. Neuhaus: Einführung. S. 19.

15

Literaturverzeichnis

Quellen

BALÁSZ, BÉLA: Der sichtbare Mensch. Frankfurt: Suhrkamp 2001.

CRICHTON, MICHAEL: Dino Park. München: Droemer Knaur 1991.

DER FILM ALS BUCHERFOLG. Literaturverfilmungen – Lottogewinne für Autoren, Verlage und den
Buchhandel. In: Focus Online vom 07. August 1995 (www.focus.de).
http://www.focus.de/auto/neuheiten/buchmarkt-der-film-als-
bucherfolg_aid_156453.html [18.03.2011].

GROB, NORBERT: AUTORENFILM. In: Reclams Sachlexikon des Films. Herausgegeben von Thomas
Koebner. Stuttgart: Reclam 2007. S. 49-53.

HILLER, HELMUT/FÜSSEL, STEPHAN: Wörterbuch des Buches. Frankfurt: Klostermann ⁷2006.

JAHRAUS, OLIVER: Verfilmung. In: Reallexikon der deutschen Literaturwissenschaft.
Herausgegeben von Klaus Weimar, Harald Fricke, Klaus Grubmüller und Jan-Dirk
Müller. 3 Bde. Berlin/New York: De Gruyter 1997-2003. S. 751-753.

KENEALLY, THOMAS: Schindlers Liste. München: Bertelsmann 1983.

MAHLIG, MARINA: Beeinflusst der Literaturunterricht das Lesen? - Leseverhalten und
Lesemotivation von Jugendlichen der gymnasialen Oberstufe. In: Börsenblatt
Online vom 15. April 2010 (www.boersenblatt.net).
http://www.boersenblatt.net/379248/ [18.03.2011].

RUCKRIEGL, PETER/KOEBNER, THOMAS: Literaturverfilmung. In: Reclams Sachlexikon des Films.
Herausgegeben von Thomas Koebner. Stuttgart: Reclam 2007. S. 404-407.

TURI, PETER: Warum Harry Potter Sterben muss. In: Spiegel Online vom 16. Juli 2005
(www.spiegel.de).
http://www.spiegel.de/kultur/literatur/0,1518,365303,00.html [18.03.2011].

WILPERT, GERO VON: Sachwörterbuch der Literatur. Stuttgart: Kröner ⁸2001.

Forschungsliteratur

Abbott, H. Porter: The Cambridge Introduction to Narrative. Cambridge u.a.: Cambridge Univ. Press ²2011.

Albersmeier, Franz-Josef: Bild und Text. Beiträge zu Film und Literatur (1976-1982). Frankfurt/Bern: Peter Lang 1983.

Albersmeier, Franz Josef: Theater, Film, Literatur in Frankreich. Medienwechsel und Intermedialität. Darmstadt: Wissenschaftliche Buchgesellschaft 1992.

Bienk, Alice: Filmsprache. Einführung in die interaktive Filmanalyse. Marburg: Schüren 2008.

Eicher, Thomas: Was heißt (hier) Intermedialität? In: Intermedialität. Vom Bild zum Text. Herausgegeben von Thomas Eicher und Ulf Bleckmann. Bielefeld: Aisthesis 1994. S. 11-28.

Garbe, Christine/Philipp, Maik: Erfolg eines Serientäters. Das Phänomen Harry Potter im Überblick. In: Harry Potter. Ein Literatur- und Medienereignis im Blickpunkt interdisziplinärer Forschung. Herausgegeben von Christine Garbe und Maik Philipp. Hamburg: Lit 2006.

Garbe, Christine/Philipp, Maik: Harry Potter. Ein Literatur- und Medienereignis im Blickpunkt interdisziplinärer Forschung. Hamburg: Lit 2006.

Heidtmann, Horst: Die Schulmediothek als „Vergnügungszentrum". Neue Ansätze der Leseförderung. In: Beiträge Jugendliteratur und Medien, 14. Beiheft: Schulbibliotheken 2003. S. 47-65. http://www.hdm-stuttgart.de/ifak/publikationen/ifak/pdfs/lesefoerderung.pdf [18.03.2011].

Kreuzer, Helmut: Aufklärung über Literatur. Epochen. Probleme. Tendenzen. Herausgegeben von Peter Seibert u. a. Heidelberg: Winter 1992 (Reihe Siegen 114).

Kuchenbuch, Thomas: Filmanalyse. Theorien. Methoden. Kritik. Wien/Köln/Weimar: Böhlau 2005.

Lange, Günter: Literaturverfilmung. In: Textarten – didaktisch. Eine Hilfe für den Literaturunterricht. Herausgegeben von Günter Lange, Doris Marquardt, Leander Petzoldt und Werner Ziesenis. Hohengehren: Schneider 1993. S. 93-100.

Metz, Christian: Semiologie des Films. München: Fink 1972.

Mieth, Angela: Eine Betrachtung. In: Inspiriert von... Literaturadaptionen im praktischen Vergleich. Annäherungen und Möglichkeiten. Herausgegeben von Angela Mieth. Berlin: Vistas 2002. S. 11-58.

MONACO, JAMES: Film Verstehen. Reinbeck: Rowohlt 2000.

NEUHAUS, STEFAN: Literatur im Film. Eine Einführung am Beispiel Gripsholm (2000). In: Literatur im Film. Beispiel einer Medienbeziehung. Herausgegeben von Stefan Neuhaus. Würzburg: Königshausen & Neumann 2008. S. 11-29.

PAECH, JOACHIM: Literatur und Film. Stuttgart: Metzler ²1998.

PAECH, JOACHIM: Intermedialität. Mediales Differenzial und transformative Figurationen. In: Intermedialität. Theorie und Praxis eines interdisziplinären Forschungsgebiets. Herausgegeben von Jörg Helbig. Berlin: Erich Schmidt 1998. S. 14-30.

PAYRHUBER, FRANZ-JOSEF/SCHULZ, GUDRUN: Lesen – Hören – Sehen. Kinder- und Jugendbücher in anderen Medien und Vorschläge zur Unterrichtsgestaltung. Hohengehren: Schneider 2007.

PAYRHUBER, FRANZ-JOSEF: Literatur zum Sehen. Einige Überlegungen zur Verfilmung von Kinder- und Jugendbüchern. In: Lesen – Hören – Sehen. Kinder- und Jugendbücher in anderen Medien und Vorschläge zur Unterrichtsgestaltung. Herausgegeben von Franz-Josef Payrhuber und Gudrun Schulz. Hohengehren: Schneider 2007. S. 60-65.

POPPE, SANDRA: Visualität in Literatur und Film. Eine medienkomparatistische Untersuchung moderner Erzähltexte und ihrer Verfilmungen. Göttingen: Vandenhoeck & Ruprecht 2007.

RAJEWSKY, IRINA O.: Intermedialität. Tübingen: Francke 2002.

RAJEWSKY, IRINA O.: Intermediales Erzählen in der italienischen Literatur der Postmoderne. Tübingen: Narr 2003.

SCHAUDIG, MICHAEL: Literatur im Medienwechsel. Gerhart Hauptmanns Tragikömödie *Die Ratten* und ihre Adaptionen für Kino, Hörfunk, Fernsehen. München: Diskurs Film 1992.

SCHNEIDER, IRMELA: Der verwandelte Text. Wege zu einer Theorie der Literaturverfilmung. Tübingen: Niemeyer 1981.

WAGNER, PETER: Introduction: Ekphrasis, Iconotexts, and Intermediality – the State(s) of the Art(s). In: Icons – Texts – Iconotexts. Essays on Ekphrasis and Intermediality. Herausgegeben von Peter Wagner. Berlin: de Gruyter 1996. S. 1-40.